ENTRE VINOS Y FLORES

ExLibric

MARÍA CRUZ NAVASCUÉS GONZÁLEZ

ENTRE VINOS Y FLORES

EXLIBRIC
ANTEQUERA 2024

ENTRE VINOS Y FLORES
© María Cruz Navascués González
Diseño de portada: Dpto. de Diseño Gráfico Exlibric

Iª edición

© ExLibric, 2024.

Editado por: ExLibric
c/ Cueva de Viera, 2, Local 3
Centro Negocios CADI
29200 Antequera (Málaga)
Teléfono: 952 70 60 04
Fax: 952 84 55 03
Correo electrónico: exlibric@exlibric.com
Internet: www.exlibric.com

ISBN: 978-84-10297-68-5
Depósito Legal: MA 2340-2024

Impresión: PODiPrint
Impreso en Andalucía – España

Nota de la editorial: ExLibric pertenece a Innovación y Cualificación S. L.

MARÍA CRUZ NAVASCUÉS GONZÁLEZ

ENTRE VINOS Y FLORES

A las musas responsables de mis primaveras.

Índice

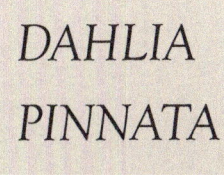

DAHLIA
PINNATA

Una planta cuyas flores
se reservan para el verano.

En invierno pierde la gracia, pero
si la cuidas, florece cada año.

Con el paso del tiempo,
se nos pasó cómo regarnos.

Aún no sé si nos secamos
o ahogamos.

I

Compliqué nuestro comienzo.

Nos metí en problemas
por no tener valor
a sentirme libre.

Jugamos con los límites,
las leyes
y las horas.

Hicimos de tu coche un cómplice,
lugar seguro
y secreto.

Nunca fuimos culpables.
Solo alguna caricia
en la risa
y muchas ganas.

Juramos ser solo un amor de verano
y perdí la cuenta de los inviernos
a tu lado.

Ahora hay 30 grados en marzo
y yo me siento responsable
del cambio climático.

II

Me salvaste.

No fue nada fácil.
Muchas noches a un centímetro de tus besos,
siendo hipnotizada por tus ojos negros
que, pese a la oscuridad,
iluminaban.

Me enseñaste otra forma de querer.
Que debería ser la única,
paciente y sincera.
O eso creía.

No fue fácil,
porque estaba ciega
y colada
por la comodidad de llegar a casa
en domingo y encontrar abrazos
donde librar la resaca,
hasta despertar el lunes
con besos en la espalda.

Sin saber que los sábados,
esos mismos labios
se perdían entre otras piernas.

Me salvaste.
Y yo pensaba que habías llegado
para desordenar mi vida,
cuando solo querías hacerme ver
que eras mejor que cualquier rutina.

Tardé en elegirte,
porque duele dejar atrás
a quien te enseña los mejores rincones
de una ciudad desconocida.

Porque da rabia que los domingos
pasen a ser de despedida.

Porque no me sentía capaz
de dar tanto como merecías.

Tanto tiempo tardé
que todavía no entiendo
por qué me recogías cada noche en el portal,
lista para escuchar que yo
nunca
sería suficiente.

Gracias por esperarme.

Lo siento por no equivocarme.

III

Ella,
que no se cansa
de ser tan buena.

Yo,
que no me perdono
el tiempo que le he robado.

Ella,
que en cada detalle
me saca mil sonrisas.

Yo,
que no olvido
cómo las acaricia.

Ella,
que me tenía de insaciable.

Yo,
que la creía demasiado.

Ellos,
que no entienden nada.

Nosotras,
que no lo necesitamos.

IV

A veces
necesito invadir
un sofá ajeno,
poner los mejores acústicos
de Andrés Suárez,
que me acaricien el pelo
con Valeria Castro de fondo
y acabar al ritmo de
Vanesa Martín.

Llevar su olor en mi ropa
mientras asaltamos cualquier local
de comida basura
a horas intempestivas.

Amanecer con la luna
empañada en un coche.

Que me roben
el último regaliz
de los labios.

A veces,
tan solo necesito
que me quieran así.

V

De tanto soñar con rozar tu pelo
me colé por tus rizos.

Pasé de morder tus pendientes
a depender de tus ganas.
Pero tú, que me ganabas en cada beso,
besaste mi miedo antes de tiempo.

Tardé en dejarte marchar.
Marchité tratando de olvidarte.

VI

Rompiste las corazas que
durante tanto tiempo había forjado.

Te invité para una noche y,
cuando quise darme cuenta,
tu pijama era uno más en mi morada.

El sofá se quedó pequeño para tantas ganas.

Me volví transparente,
desahogándome en tus brazos,
aunque nunca te dije cuánto me acojonaba
tu cepillo en mi baño.

Casi tanto como saber que te acostabas
en otras camas.

VII

Hubo quien consiguió
que dejase los escudos,
desnudase mis miedos
y me mostrase de armaduras
hacia dentro.

Con lo que cuesta
dejar de estar alerta
enfrente de otro.
Contarle tus secretos,
tus vergüenzas
y tus deseos.

Confiar tanto en alguien
como para dormir a gusto
cuando media cama está vacía,
sabiendo que volverá
y no traerá frío
ni dudas.

Entre tanta confianza
me pasé de estar tranquila
y no vi venir
semejante abatida.

Rompió toda mi autoestima.
Reforcé las corazas y me cargué
de ansiedad, desconfianza
y pesadillas.

Temo no volver a ser la misma.

VIII

Quiero que sea como la primera vez.

Con la intensidad de un adolescente
y la madurez de la experiencia.

Que no me aguantes la mirada
y pasar horas enfocándote.

Quiero que de cada roce salga una llama
y no sea mi pecho el que arde por dentro.

Quiero,
pero ya no puedo.

IX

Tuve que elegirme a mí,
aun habiendo apostado
por nosotras.
Demasiado tardé
en comprender
cuánto necesitaba estar sola.

Me creí de nuevo completa
y decidí compartirme
con cualquiera.

Ojalá hubiese sabido
lo que duele
que te traten como una mierda.

Aun así,
preferí dejarme caer
en algún abrazo forzado,
una sonrisa caliente
y muchos planes
sin mi presencia.

Al final,
todo es
cuestión de preferencias.
Ojalá algún día
sepa ponerme primera.

X

Por un momento he creído
que te echaba de menos,
y eso
es imposible.

Es imposible
que me haya apetecido
un beso en la nariz,
porque bien sabes tú que no los aguanto.

Es imposible
haber recordado el sabor a regaliz blanco,
porque no he vuelto a comer
desde que me lo robaste de los labios.

Es imposible
que notase el carmín en mi cuello,
porque jamás los llevaste pintados.

Es imposible
que haya echado de menos,
porque los besos que quiero
a otras se los estás dando.

XI

Un clavo
sacará a otro clavo
cuando existan clavos
de su calibre.

XII

Ha sonado nuestra canción.

Mentiría si dijese
que no me he tambaleado.
Me han invadido las dudas
y he sentido miedo
apoyada en otro pecho.

Todo el pánico se ha desvanecido
cuando sus manos, ignorantes,
han acariciado mi pelo.

Cuánta calma
en un fino gesto.

Cuánta seguridad
sobre su cuerpo.

Cuánta salvación
en alguien nuevo.

Aún te recuerdo,
pero (esta vez)
sin echarte de menos.

AQUILEGIA
VULGARIS

Al pensar en esta herbácea,
recuerdo las caras de quienes,
como semilla de Aquilegia,
tenían propiedades afrodisíacas.

Yo, vestal romana,
tenía prohibido probarlas.
A veces me cuesta cumplir las normas.

Os dejo la duda
de si llegué a tomarlas.
Solo una pista:
en altas dosis
te dejan en parada
cardiaca.

XIII

Para evitar decir tonterías,
cogí por manía hacer barcos de papel
mientras tengo una cita.
Nunca me ha funcionado.

Hay quien los conserva
como si fueran una reliquia,
otros se hundieron en salsa
de patatas fritas.

El más original
pende del retrovisor de un Kia.

Ella guarda el primero
dentro de su monedero.
Ha convertido mi humilde velero
en un barco pirata.

Cuando hay que romper el hielo,
destrozo con gracia la proa,
hago añicos la popa
y desmonto cantando el trozo de hoja.

Nadie reconoce que es un salvavidas.
—Qué ironía—.

XIV

Siempre fui algo pirómana.

He vuelto a sentir de nuevo ese calor,
el que dejábamos encerrado
en todos los bares cutres que visitábamos.

Éramos como esa vela que se apaga
antes de pedir el deseo.

Cuántas veces saltó una chispa
de tu sonrisa
y no prendimos por respeto y,
sobre todo, por miedo.

Después de tanto tiempo, nos topamos de nuevo,
y tus ojos, que brillaban como siempre,
fueron combustible como nunca.

Lo sabías, tenías el poder
y avivabas mis ganas,
pidiendo tequila en cada rincón de la barra.

Me gusta ver que te sientes libre.

Esperé a encontrarte fuera
para pedirte mechero y tú,
más valiente que nunca,
le susurraste a mi cuello:
«Provoquemos el mayor incendio descontrolado
de la historia».

Así ardimos.

XV

Recuerdo cómo nuestros dientes chocaban
marcando el camino correcto.
Cuando lo conocimos de memoria,
cambiamos de mapa.
Ahora temo los besos de despedida.

Dicen que en la frente no son para cualquiera.
¿Acaso algunos lo son?

Los robados tienen su gracia.
Nunca la tendrán los obligados.

Los del cuello muestran tantas intenciones
como pelos del cuerpo ericen.

No sé cómo pudiste resistirte
cuando me mirabas a los labios.

En un amanecer cambié besos por piedras.
En un atardecer me convertí yo en una.
En su coche me besó la risa
y las lágrimas.

No puedo evitar pensar que di alguno de más.
Espero que puedas perdonarme;
si no, puedes devolvérmelos.

XVI

De las cenizas que creí apagadas
te vi resurgir a chispazos.

Se presagia el peligro de incendio
desde que calcinamos a los forestales.

Ahora el fuego puede extenderse libre,
dejarse llevar por el aire,
avivarse en plena noche
y extinguirse en cualquier cama.

Tú decides
si volver a prender esta llama.

XVII

Han cambiado el tequila.

Ahora hay que beberlo rápido
por si se van las vitaminas.

Hacía tiempo que no tomaba
tres piezas de fruta al día.

Es una lástima
saber que no volverás
a derramar la sal
por mi clavícula,
a pedirme que sujete el limón
con la boca,
aguantarme la mirada mientras tragas
y arder
yo y tu garganta.

Brindemos con mango
para pasar el duelo,
o adivina a qué saben mis labios
e inventamos otro juego.

XVIII

No se lo cuentes a nadie.

No confieses que eran nuestras sombras
aquellas que asomaban
entre las puertas de vidrio mateado
de un baño oscense.

Que eran mis mensajes
los que sonaban,
dándote las buenas noches
cuando estabas acompañada.

No se te ocurra contar
lo que pasó sobre un arcón de Ambar
a las seis de la mañana.

Mantén en silencio cómo nos despedimos
en la puerta de aquella estación
de madrugada.

Shhh, que no sepan nada.

XVIX

Es un maldito oasis.

Tiene los ojos color agua
y juega con mi sed
sin saciarla.

Sabe el poder que hay
en su mirada,
dispara
y me deja decidir
cómo acaba.

Quiere hacerme creer
que dejarse llevar
es el único plan
para salir sana.
—Que no a salvo—.

Y a mí,
que me cuesta huir
de cada bala,
nunca
se me dieron bien
los finales.

XX

Jugaste a morder
mi piel
en todos sus rincones.

Dejaste tu marca
escondida
y mi cuello en carne viva.

Lograste tu objetivo
ignorando
que fue tu mirada
la que me dejó abatida.

Por suerte,
tengo quien me bese
las heridas.

XXI

Coge sitio junto a mi almohada
y deja que te escriba un libro
o una balada.

Que destroce algunas canciones
aporreando mi guitarra.

Deja que te acaricie suave la cara.

Luego, diremos que no ha pasado nada.
Seguimos siendo fieles,
ve tranquila a casa.

Vuelve siempre que quieras
a saciar las ganas.

Las dos nos mantendremos calladas.

XXII

Sobrepasamos la legalidad
con cada roce,
hasta que el hilo
casi se rompe.

Hicimos un pacto insostenible:
ella me mira
y yo evito concederle el goce.

El resultado
nadie lo conoce.

El miedo y las ganas
echando un pulso.
Esta vez gana mi orgullo.

Dame otra copa
y te cambio el turno.

XXIII

Me reta con la mirada
apostando sus besos
a que ganará.
A veces me dejo vencer.

Dice que los premios caducan
poniéndome contra la pared
y yo, sabiendo que no debo estar allí,
me siento incapaz de ver
cómo se echan a perder.

Canjea todos
y prohíbeme volver.

XXIV

Te odio.

Te odio por aparecer
en el momento más inoportuno.

Te odio por crearme ganas
y dudas.

Te odio por no besarme
cuando eran mis labios
los que te lo pedían.

Te odio por alejarte
cuando yo te lo pedí.

Te odio por volver
y demostrar que no había cambiado
lo que sentía.

Te odio
por doler.

Te todo,
menos odio.

XXV

Sufrí el duelo
por lo que pasó,
pero no fuimos.

Asumí la fugacidad
de quien te encaja.

Cambié mi sueño
por tenerte ganas.

Temo volver a verte
por si me enganchas
—de nuevo—.

XXVI

Lo confieso: no te presté atención.

No sé cuáles son tus gustos ni manías.
Si te gusta la cerveza o el tequila.
Si estudias, trabajas o mendigas.
No recuerdo tu comida favorita,
ni si vives sola o con tu familia.

No pude escucharte
mientras me contabas tu vida.

Tenía la mirada perdida,
imaginando tu boca
junto a la mía.

XXVII

Me regaló una margarita
de pétalos pares
y empecé cantando «me quiere».

No volvimos a vernos.

XXVIII

Aquellos rizos, también negros,
tuvieron el valor de etiquetarme
como la chica más borde
de una fiesta poco elegante.

Pronto captó mis intenciones:
criticar a este mundo sin buscar soluciones.

Atinó dónde duele,
en las inseguridades
sobre quién me quiere.

Condenó de desastre mi vida
sin apenas conocerme.

Yo le creí porque, en el fondo,
necesitaba quien lo dijese.

Se atrevió a juzgar mi suerte
y prometerme un nuevo frente.

Rozó mis dedos,
peinó mi pelo y besó mi cuello.

A la mañana siguiente,
con mi mente aún en guerra,
arrancó su Volvo y marchó a su tierra.

Mi nueva distancia:
300 km y descendencia.

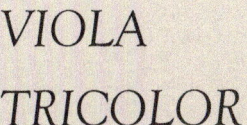

VIOLA
TRICOLOR

También conocida como Pensamiento Salvaje.

Nada más oportuno para un ser onírico,
real únicamente
en mis sueños vívidos.

Es una especie autofértil,
no necesita polinizadores
para estar completa
y reproducirse libre.

Eso me encanta
—y deja fuera de juego—.

XXIX

Conocí su sonrisa
bajo la luna.

Traté de escuchar cada detalle,
suplicando que no acabase la noche
ni la cerveza.

Era como ese cuerpo celeste
que no puedes parar de mirar.
Tal vez planeta o satélite
—aunque impactó como asteroide—.

En cualquier caso,
inalcanzable.

Me hizo cuestionar
la velocidad del tiempo
y me capturó en un abrazo
—de despedida—.

Cuando reaccioné,
el sol posaba alto
y alumbraba su espalda
al final de la calle.

Demasiado fugaz
para alcanzarle.

Ahora dice que espera
la alineación de los astros,
sin querer ver que ella
es quien está al mando.

XXX

Me siento en la orilla
de mi playa favorita y,
con el romper de las olas,
me viene su recuerdo.

Hay tanta espuma
y resaca
como el día
en que nos conocimos.

El cambio de marea
me genera tantas dudas
como su abrazo de despedida.

Me ha rozado el agua
y escuecen
sus heridas.

XXXI

Me dejó sin palabras
con las manos al volante.

Preguntó cómo estaba
y me encontré
en punto muerto.
Vaya miedo a calarme de nuevo.

Cuando las ganas de arrancar
metieron primera,
descubrieron que había peaje.

Fin del viaje,
o quizá solo cambio de ruta.

XXXII

Un terremoto
es un fenómeno de oscilación de la tierra
producido por dos placas tectónicas que,
al rozarse,
liberan energía acumulada.

Y ahora que,
al pensarte tiemblo,
temo ser epicentro
si volvemos a vernos
—abrázame fuerte—.

XXXIII

Cómo no iba a pillarme,
si te había visto mil veces antes,
jamás me saludaste,
y el día que nos presentaron
tus ojos se quedaron clavados.

Cómo no iba a hacerlo,
si con tan solo unas horas
en el mismo espacio,
señalaste tu ciudad en un póster y
me rogaste que fuese a visitarte.

Cómo no iba a colarme,
si recorrí Madrid en ayunas
y ninguna confesamos que
nos teníamos hambre.

Cómo no querer besarte,
si viendo el atardecer
frente a la pista de aterrizaje,
se me erizó la piel
cuando me acariciaste.

Cómo, si en el césped
frente al Prado,
demostraste que no hace falta
entrar al museo
para disfrutar del arte.

XXXIV

Acabo de llegar a casa sola
con unas copas de más
y tus besos de menos.

Voy a tomarme otra
para celebrar lo primero
y olvidar lo segundo.

Mis pasos no podían ir rectos,
pero seguían a la luna
llena
de dudas y ganas de verla contigo.

Mi mano en el bolsillo quería escribirte.
Como tantas otras veces,
termino pensando
que voy a molestarte.

Daría lo que fuera
por ser yo quien recibe un mensaje a deshora.
Que no tarde.

A la mañana siguiente
me siento orgullosa.
Pude resistirme,
no hay nada de lo que arrepentirse.

O sí.

XXXV

Me tenía en vilo
esperando los mensajes
que agitaban cada poro
de mi piel.

No pude controlar
mis emociones
y decenas de impulsos
emergieron de mi ser.

Tanto tiempo pasé
esperando ser correspondido,
que me dio para este libro
y algún que otro
garabato en un papel.

Solo recibí varias caricias
ingratas,
una esperanza
ya perdida
y ningún mensaje
de despedida.

Todavía guardo las capturas
en las que parecía que querías
abrazarme bien.

Te dedico todo lo que lees.

XXXVI

El problema fue
que apareció alguien
con las ganas de vivir
que yo había perdido.

Que todos los días
eran de celebración,
aunque las razones
había que inventarlas.

Que se alegraba más
por mis intentos
de lo que yo podía hacerlo
con mis logros.

Y por un momento creí
en eso de las cosas pequeñas,
de la felicidad en los detalles.

Creí que sonreiría también
a través de la pantalla
y me vería en el fondo de su copa.

El problema fue
que parecía
real.

XXXVII

Sigo atravesando tu calle
cuando estoy nostálgica
y bebida.

Reviso mis notificaciones
esperando tu nombre en alguna.
Nunca está.

Aún pienso en aquella noche
en la que no me atreví
a preguntarte si querías
ni a robarte las respuestas.

No sabes
cómo odio
quedarme con dudas.

XXXVIII

Yo, que te hablé
de mi pasión por los libros,
no super leerte
y me corté en cada página.
Ya solo leo en formato electrónico.

A pesar de no ser suficiente
para formar parte en tu historia,
guardé alguna coartada
por si le das un giro a la trama.

Concédeme un capítulo
y desaparezco si no te enganchas.

Ojalá acaben haciéndonos película.

XXXIX

Todavía te pienso
cuando no puedo
dormir.

Siento tu susurro
en mi oreja,
aquel que no supe distinguir.

Recuerdo tus manos
en mi cintura,
acercándome lento,
justo cuando mi
pánico a las alturas
cambió a la posición
horizontal.

Sentí tanto vértigo
al tenerte cerca
que no pensé
que marcharías lejos.

Quisiera recuperar
los metros
perdidos.

XL

Vuelvo a tener la sensación de que estás
y me recorren las ganas de escribirte
una nota en el portal.

Aunque me dijeras
que ya acabó la intensidad,
nunca se fue la inercia
de volverte a pensar.

Resisto mis instintos,
una vez más,
y me quedo en aquel antro
donde te negaste a bailar.
Te hubiese pisado todas las dudas.

Beberé otro ron cola
que me haga olvidar
que ya no avisas,
cuando vuelves a tu hogar.

XLI

Me fui a 38000 pies de altura
esperando no pensarte
en, al menos, diez horas.
Estar en las nubes
nunca fue tan real.

A 600 km/h
mi cabeza va más deprisa
y tu imagen viene aún más.

Te pedí que, si algún día
perdías el miedo a volar,
cogieses billete
y te atrevieses a embarcar.
No pensaba despegar sin ti.

Tampoco esperaba que,
cuando lo hicieses,
tuviese maleta
y tantas cosas que declarar(te).

Has traído turbulencias
y algún que otro mal
de altura.

Espero que estés
si me vuelvo
a estrellar.

XLII

Vuelvo a soñarte
y cada vez me gusta más
ese ser onírico que pide
que no vuelva a despertar.

Estaba tu mirada nerviosa
y tu ceja izquierda diciendo más
que esos labios callados
que clamaban piedad.

La mañana se acompaña de realidad,
hace meses que no me escribes
y no quiero volver atrás.

Salgo a trotar por mis rincones favoritos,
las amapolas empiezan a asomar.
Como cada año las observo,
pero ya no me las quiero llevar.

Aprendí que es mejor fantasear,
no tocar aquello
que se puede desgastar.

Mejor os admiraré
desde lejos y en silencio.
Me sentaré a esperar
que lleguen las tormentas
y volváis a marchar.

XLIII

El tiempo está roto,
ya no cura
ni (te) olvida.

IRIS
GERMÁNICA

Quizá te suene la Flor de Lis.
Dicen que su perfume estimula la endorfina,
nos hace sentir bienestar y tranquilidad.
Lo confirmo.

También se asocia a valores
como la lealtad,
no creía en ella antes de ti.

Es emblema de la realeza,
y tú eres la única monarquía
por la que apuesto.

XLIV

Te he escrito un texto más largo.
No respeta las normas de este libro.
Tampoco nuestra relación lo hace.

Tú querías que te compusiese una canción.
Siento decepcionarte,
no tengo tanto arte.

Necesitaba más espacio
para poner en contexto
mi último gran encuentro.

Nos (re)conocimos pospandemia,
cuando empezaba a sentirme libre
y entera.
Un error, no lo estaba.

Pronto te pillaste,
pero mi mente era un desastre.
Mostré demasiadas inseguridades,
fui sincera
y cruel
hasta agotarte.

No te rendías,
preferiste quedarte
y yo te agradezco
que pusieras tan alto el límite.

Tras muchos lloros,
ansiedad
y distimia,
entiendo que, no solo
no estaba entera,
te arrastraba conmigo a la miseria.

Han pasado los años
y jamás entenderé
por qué abrazaste mi daño,
por qué me ayudas a superarlo,
por qué perdonas cada uno de mis fallos.

En tu primer «te quiero»
te pedí explicaciones
al respecto.
Me hiciste una disertación
que ni recuerdo.
No podía creer
que fuera sincero.

Me arrepiento;
si hubiese confiado en ti,
habrías sido más feliz.

Ahora por fin lo entiendo.
He encontrado la calma
me he nutrido de terapia
y he cesado los juegos.
Apuesto porque esto
vaya en serio
y devolver todo lo que te debo.

Siempre me cuesta decirlo, pero
yo también
te quiero.

XLV

Coincidir implica más
que espacio y tiempo.
Es lo difícil de un encuentro.

Habíamos cenado juntas,
bebimos en el mismo tablero
y yo no recuerdo ni un solo momento.

Por suerte, tienes mejor memoria.
Podemos contar esta historia.

Entré en esa casa de otra mano,
no creo ni haberte mirado.
Tú, sin embargo,
recibiste el primer flechazo.

Años después volvimos a encontrarnos.
Ya no había nadie a mi lado
y no dudaste en echarme el lazo.
Atrapaste todas mis ganas.

Ahora confiamos en las vueltas de la vida.
Si de verdad a la tercera va la vencida,
estamos sacando ventaja.

XLVI

Lunes.

Son las 8:20 y ya
he sonreído dos veces.

Una, al recordarte
cuando ni siquiera había abierto los ojos.

Otra, por el olor
que desprende mi coche
desde la pasada noche.

Contigo estaría hasta empañar los cristales
de mi descapotable.

Avísame cuando vuelvas,
he tirado el ambientador de menta
esperando a tenerte cerca.

XLVII

A ti,
que crees
tener en contra mi pasado
sin saber que me estás ganando,
en presente.

Quiero que sigas
compitiendo
conmigo
en tu cama.

Que te escondas
entre mis piernas
y me retes con la mirada.

Que lo único que pierdas
sea la cuenta
y la ropa.

Permíteme un futuro
bajo tu colcha.

XLVIII

El deslizar suave
de mis dedos por su tez
me dejó contemplar
cómo se erizaba
cada punto de su piel.

Continué el viaje
uniendo cada peca
que indicaba el camino
hacia el edén.

Su cuerpo arqueado,
la mirada perdida
y el caliente vapor
pedían que siguiese
jugando al placer.

De pronto,
sus ojos cerrados
empezaron a llover.
La magnitud del orgasmo
le partió en tres
y, a mí, solo me quedaron
motivos para querer.

Ese fue nuestro encuentro
más honesto y fiel.

XLIX

Me provocan escalofríos tus dedos
recorriendo mis labios,
pidiendo silencio a gritos,
pidiendo guerra
a caricias.

Me revuelve tu mirada temerosa
clavada en mi boca traviesa,
queriendo morderte suave,
deseando comerte
entera.

L

Traté de explicarle lo que temía
comparándonos con esa vela
que alumbraba la habitación
y mis miedos.

«¿Ves esa llama?», le dije.
«Quiero que seamos ella.
Que cuando sople el viento
bailemos
esquivando su fuerza
sin apagarnos.

Que, aunque a veces quema,
es luz y calor
como tus abrazos.

Pero temo que algún día
esa mecha llegue a su fin,
que solo quede humo y cera.
Derretirnos».

Me besó lento
y, sonriendo, me dijo:
«Prefiero ser bombilla,
dejémonos llevar
por la corriente
eléctrica».

LI

En una playa
nudista
me ahogué en su risa
nerviosa.

En una lluvia
de perseidas
me estrellé en su mirada
traviesa.

En una bañera
de hotel
me empapé de sus ganas.

En una fiesta,
sin su presencia,
me bebí
cada promesa.

En una mañana
de resaca
me arrepentí
de meter la pata.

LII

Pasa el tiempo
lento, firme, constante
y seguimos a distancia.

Celebramos la cuenta
como si hubiese sido un logro
y no una simple espera.

La incertidumbre
dentro de mi cabeza
hace eco en ese espacio
vacío.

Tanto que das por hecho.
Tanto que echo de menos.
Tan poca cuenta al respecto.

No todo podía ser perfecto.

LIII

¿Te imaginas que fuésemos
de esas parejas
que lo suben todo a las redes?
¿Que tienen fotos
besándose?

¿Que su sonrisa
está tan cerca,
que cuesta saber
dónde empieza y acaba
cada una?

¿Que parecen felices,
enamoradas,
únicas,
fieles,
seguras?

¿Te imaginas siendo tan falsas?

LIV

Te sueño mal.

Cuando duermo contigo,
sueño con otras
e invento fantásticas historias.

Me pillo por gente que solo existe
en mi cabeza,
adoro la noche
y me levanto contenta.

Sin embargo, tú solo apareces
para darme guerra.
Me traes insomnio
y creas problemas.

Te sueño dejándome sola,
cumpliendo mis miedos
o de la mano de otra.

Despierto agobiada
y no consigo distinguir
la realidad entre tanta rabia.

Tantos años enganchada
a gente imaginada,
que no asumo que existas
y estés en mi vida.

Tenías que tener algo malo.

LV

Será complicado hablar de ti y de mí
cuando alguien pregunte
el cómo o el porqué.

Será difícil explicar que abrazabas fuerte
cuando yo no era capaz de verme
retenida entre tus brazos calientes.

Que volabas lejos
sin mí
mientras yo quería tenerte cerca,
en esos lugares ajenos
a lo que fui.

Tendremos que explicar
todos los baches,
las dudas,
los fallos,
tus miedos,
mis celos.

Tendrán que creernos,
tendremos que ser.

(Nos) tendremos.

LVI

Nunca había topado con alguien
con semejante inteligencia emocional.

Pensaba que era una moda,
que solo quería impresionar.
Nunca me seguía una bronca,
me levantaba la voz
ni se iba sin avisar.

Yo prendía la mecha,
esperando verla estallar.

Ella me cedía la última palabra
para dejar de pelear.

Ahora sé
que no todo lo malo se pega
cuando topas con alguien
que merece la pena.

Está creando una persona nueva.

LVII

Recorrí a besos su espina dorsal,
floté con sus últimas costillas
y mordí su cresta
ilíaca.

La mejor voluntaria de prácticas
para sacarme fisioterapia.

Ahora es profesora de anatomía
y solo puedo pensar que,
si hubiese sido la mía,
habría acudido a todas las tutorías.

Acógeme como Atlas
a la odontoides,
hasta que tu cuerpo sea parte
de mi homúnculo
de Penfield.

LVIII

Muestras tantas cosas buenas
que me cuesta creer
que todas sean ciertas.

Nunca he recibido este cariño,
respeto, amor y tantas ganas
sin después un duro golpe
que abra mis entrañas.

Por eso, camino de puntillas,
cubro mis espaldas
y me anticipo para la estocada.

Sin pensar que tú
nunca atacas.
Qué suerte la mía.

Espero pronto
bajar la guardia
y encontrar la paz
en una relación sana.

LVIX

Abrazas unas cicatrices que no hiciste,
asumiendo la responsabilidad ajena
de coser heridas que no cierran.

Empeñada en curar mis penas
o verlas desvanecerse
en el fondo de alguna botella.

Nunca antes había compartido
tanto vino y noches en vela.

Aún no entiendo por qué te quedaste,
ni quiero saberlo.

Me conformo con notar tus yemas
rozando mi pelo,
cuando todavía mis labios
no se han tornado hacia el lado triste.

Con sentir cómo guías el cauce por mi rostro
hasta una desembocadura
sobre tu torso.
He empapado todos tus lunares.

Me conformo con creer que estás
porque quieres hacerlo.

Me conformo,
y yo nunca he sabido lo que es eso.

LX

Siempre le doy la espalda
cuando compartimos cama.

Que no note que me encanta
aferrar su mano
cuando pasa el brazo
sobre mi costado.

A veces insisto en marcharme antes de que anochezca,
pero siempre tras acabar alguna botella
para que me suplique
que quite las manos del volante
y la conduzca a ella.

En tiempos de pandemia
la dejaba en su portal
justo a la hora del toque de queda.
Debíamos confinarnos
hasta que abriesen la veda.

Después de tantos sábados,
temo quedarme sin excusas
para amanecer a su lado.

Tengo un sueño pendiente,
que me pida quedarme
para siempre.